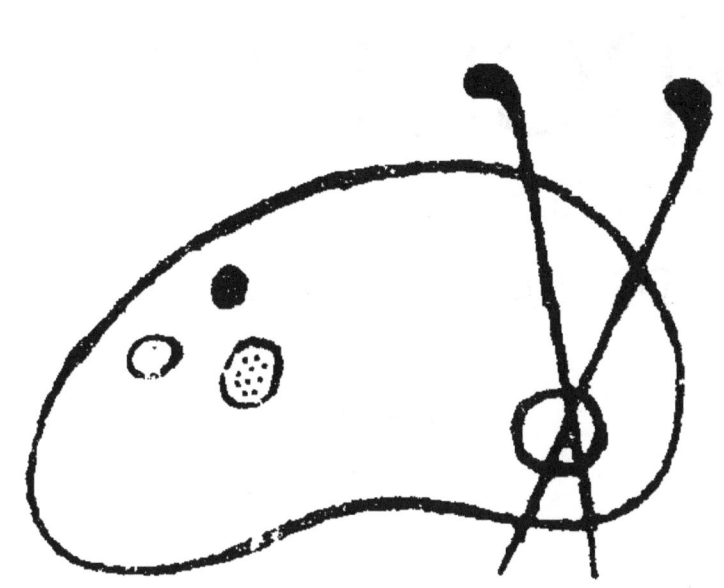

Début d'une série de documents en couleur

NOTICE
SUR LES
ARCHIVES
DU DÉPARTEMENT
DE SAONE-&-LOIRE

PAR

L. LEX

Archiviste du département.

MACON
IMPRIMERIE GÉNÉRALE, X. PERROUX ET Cie

1890

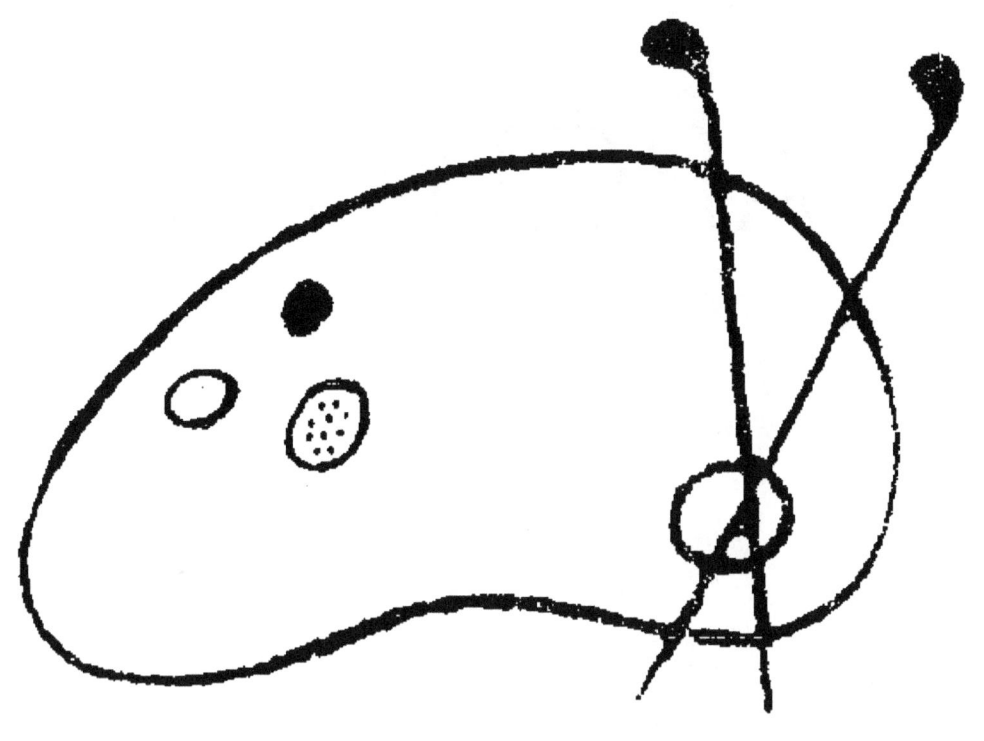

Fin d'une série de documents en couleur

NOTICE
SUR LES
ARCHIVES
DU DÉPARTEMENT
DE SAONE-&-LOIRE

PAR

L. LEX

Archiviste du département.

MACON

IMPRIMERIE GÉNÉRALE, X. PERROUX ET Cie

1890

(Extrait de l'*Annuaire du département de Saône-et-Loire* pour *1890*).

NOTICE

SUR LES

ARCHIVES DU DÉPARTEMENT

DE SAONE-&-LOIRE

D'après un état qui a été dressé vers 1784 (1), mais qu'il faut considérer comme très incomplet (2), il existait à la fin du XVIII⁰ siècle, dans cette partie de la Bourgogne dont le département de Saône-et-Loire a été formé, quatre-vingt-quatorze dépôts d'archives, dont sept dépôts judiciaires, huit dépôts municipaux, trente-huit dépôts ecclésiastiques, trois dépôts hospitaliers, trente-sept dépôts seigneuriaux et un cabinet d'amateur.

C'étaient les suivants (3) :

ARRONDISSEMENT D'AUTUN.

Autun. L'hôtel de ville. L'évêché, la chambre ecclésiastique, la cathédrale, la collégiale, l'abbaye de Saint-Andoche, l'abbaye de Saint-Jean-le-Grand, l'abbaye de Saint-Martin, le prieuré de Saint-Symphorien. — *Breuil (Le).* Le château.— *Chasnil (?).* Id. — *Cressy.* Id. — *Epinac.* Id. — *Issy-l'Evêque.* Id. — *Glenne.* Id. — *Montjeu.* Id. — *Roussillon.* Id. — *Sivry.* Id. — *Sully.* Id.

ARRONDISSEMENT DE CHALON.

Chagny. Le château. — *Chalon.* Le bailliage, la chancellerie, la châtellenie de Saint-Laurent, la châtellenie de Buxy. L'hôtel de ville. L'évêché, la cathédrale, la collégiale, l'abbaye de Saint-

---

(1) « La bibliothèque du Roi possède un inventaire général de toutes les archives qui existaient en France avant la Révolution, inventaire dressé vers 1784, sous le ministère de M. Bertin ». (*Rapport* présenté par M. Guizot, ministre de l'instruction publique, au Roi, approuvé le 27 novembre 1834).

(2) La suite de ce travail l'établira.

(3) D'après la copie jointe par le ministre de l'instruction publique à sa circulaire, du 23 décembre 1834, relative aux correspondants pour les travaux historiques. (*Archives départementales*, série T).

Pierre. L'hôtel-Dieu. Le cabinet de M. Chrétien.— *Cormatin*. Le château. —. *Ferté (La)*. L'abbaye. — *Germolles*. Le château.— *Maisières*. L'abbaye.— *Molaise*. Id. - *Saint-Marcel*. Le prieuré. — *Sennecey-le-Grand*. Le château. — *Verdun*. L'hôtel de ville.

ARRONDISSEMENT DE CHAROLLES.

Amanzé. Le château.— *Anzy-le-Duc*. Le prieuré.— *Arcy*. Le château. - *Beauchamp*. Id. — *Bourbon-Lancy*. Le bailliage. L'hôtel de ville. La collégiale, le prieuré de Saint-Nazaire, les ursulines, les visitandines. — *Charnay*. Le château. — *Charolles*. Le bailliage. L'hôtel de ville. Le prieuré de La Madeleine, les visitandines. L'hôpital. Le château. — *Chaumont-les-Terreaux*. Le château. — *Digoin*. Les picpus. Le château. — *Drée*. Le château. - *Esseulée (sic)*. Id. — *Folin*. Id. — *Joncy*. Id. — *Lucenier*. Id. *Marcigny*. Le mépart, le prieuré. — *Maulevrier*. Le château. — *Montpieux (?)*. Id.— *Motte-Saint-Jean (La)*. Id. - *Neuvy*. L'abbaye de Chaume (?). — *Paray-le-Monial*. L'hôtel de ville. Le mépart, les ursulines, les visitandines. L'hôpital. — *Perrecy*. Le prieuré. — *Saint-Aubin*. Le château. — *Saint-Christophe*. Id. — *Semur-en-Brionnais*. La collégiale. — *Sommery*. Le château. — *Vigneau (Le)*. Id. — *Vitry*. Id.

ARRONDISSEMENT DE LOUHANS.

Beaurepaire. Le château. — *Cuiseaux*. La collégiale. — *Louhans*. L'hôtel de ville. L'église. — *Miroir (Le)*. L'abbaye. — *Sainte-Croix*. Le château. — *Savigny-en-Revermont*. Id.

ARRONDISSEMENT DE MACON.

Cluny. L'abbaye. — *Lugny*. Le château. — *Mâcon*. Le bailliage. L'hôtel de ville. L'évêché, la cathédrale, la collégiale. — *Marfontaine*. Le château. — *Matour*. Id. — *Ruffey*. Id. — *Tournus*. La collégiale. La maison du seigneur.

La Révolution arracha la plupart de ces dépôts à l'état d'abandon dans lequel ils se trouvaient. Elle les centralisa d'abord aux chefs-lieux des districts (1), en prescrivit ensuite le triage (2), puis les réunit au chef-lieu du département (3).

---

(1) Loi du 5 novembre 1790.
(2) Loi du 7 messidor an II.
(3) Loi du 5 brumaire an V.

Un seul brûlement public fut prescrit par le Conseil (1), celui des titres de noblesse des chanoines de Saint-Pierre de Mâcon, et malheureusement aussi de l'inventaire de ces titres. Il eut lieu le 28 août 1792 (2).

Les dossiers administratifs (états et subdélégations), les titres féodaux (émigrés), et les fonds ecclésiastiques (clergés séculier et régulier) furent, conformément à la circulaire du ministre des finances du 2 frimaire an V (3), déposés dans « un local faisant partie de l'édifice destiné aux séances de l'administration du département », c'est-à-dire dans les combles de la préfecture. Ils y restèrent jusqu'en 1858, date de la construction (4) du bâtiment spécial (5) qui leur est resté dès lors affecté.

Les archives réunies au chef-lieu du département de Saône-et-Loire, ont été, depuis la Révolution, plus que décuplées. Les séries anciennes se sont enrichies par des dons, des legs, des acquisitions et des réintégrations. Les séries modernes, elles, sont le produit de ce siècle de vie administrative que nous voyons à son déclin.

---

(1) Loi du 24 juin 1792.

(2) Cf. L. Lex et P. Siraud, *Le Conseil général et les conseillers généraux de Saône-et-Loire*, Mâcon, 1888, in-8°, p. 62. — Un document, qui date de la Restauration, tendrait à faire croire à des pertes plus sérieuses, mais les choses y ont été très certainement exagérées. « Une loi du 17 juillet 1794 (29 messidor an II), ordonna que tous les titres féodaux seroient brûlés publiquement, à l'exception des plans et cartes. En conséquence, les districts firent brûler tous les terriers et titres de féodalité qui se trouvoient alors déposés dans leurs archives. Dans le district de Mâcon, une partie des terriers et titres, ainsi que beaucoup de rôles de vingtièmes, furent employés à faire des cartouches pour les troupes de l'armée du camp de Limonet, qui alors assiégeoient Lyon. Les parchemins furent envoyés dans les ports de mer de la Méditerrannée, d'après les ordres des ministres, pour faire, sans doute, des envelopes à des pièces d'artifices ; le reste qui étoit encore considérable, puisque leur nombre s'élevoit à environ 1,000 volumes, fut brûlé sur la place publique, en présence du peuple ». (*Rapport sur les archives présenté au préfet par le conseiller de préfecture secrétaire général*, 1817. *Archives départementales*, fonds du service, carton 11).

(3) *Archives départementales*, fonds du service, cart. 1.

(4) Dans sa session ordinaire de 1857, le Conseil général vota pour cette construction une somme de 136,500 francs, non compris les honoraires de l'architecte. (V. L. Lex et P. Siraud, ouv. cit., p. 139).

(5) Ce bâtiment se compose de trois grandes salles superposées, longues de 30 mètres, larges de 10, et de quelques petites salles annexes. Les rayonnages ont, au total, plus de trois kilomètres et demi de développement.

Les unes et les autres restèrent longtemps dans « la confusion (1) ». Les rangements sommaires et les répertoires partiels tentés par les chefs de bureau, MM. Demiège (1815-1822), Garriépoul (1822-1826), Gaudez (1826-1834) et Crouzet (1834-1836), que les secrétaires généraux, chargés du service des archives (2), s'étaient successivement adjoints, ne produisirent pas tous les bons résultats qu'on attendait.

C'est à l'action exercée par M. Duchâtel, ministre de l'intérieur (3), qu'il faut réellement attribuer l'organisation définitive du dépôt, son classement méthodique, la rédaction et la publication des inventaires.

Quatre archivistes, MM. Ragut (1836-1866) (4), Michon (1866-1881) (5), Bénet (1881-1885) (6) et Lex (1885) (7) se

---

(1) *Rapport* cité, 1817.
(2) Loi du 28 pluviôse an VIII.
(3) Circulaires des 8 août 1839, 24 août 1841, 6 mars 1843 et 24 juin 1844.
(4) M. *Ragut* (Camille), né à Lyon, le 27 mai 1797, mort à Villefranche, le 8 juin 1870, professeur de l'Université, bibliothécaire de la ville de Mâcon (1829-1870), nommé archiviste du département de Saône-et-Loire par arrêté du 17 août 1836. Ses publications concernant le département sont : *Statistique du département de Saône-et-Loire* (Mâcon, 1838, 2 vol. in-4°); — *Compte rendu des travaux de la Société d'agriculture, sciences et belles-lettres de Mâcon, de 1833 à 1841* (Mâcon, 1841, in-8°); — *Cartulaire de Saint-Vincent de Mâcon* (Mâcon, 1864, in-4°). La *Statistique* annonce comme « publications nouvelles du même auteur », des *Tablettes chronologiques pour servir à l'histoire de la ville de Mâcon* (un fort vol. in-8°) et des *Tablettes chronologiques pour servir à l'histoire de la ville et de l'abbaye de Cluny* (un vol. in-8°); le *Cartulaire* indique aussi comme étant « sous presse » les *Fiefs du Charollais et du Mâconnais, suivis du nobiliaire et de l'armorial de ces deux contrées*, par M.-C. Ragut: aucun de ces trois ouvrages n'a vu le jour.
(5) M. *Michon* (Louis), né à Charolles, le 9 avril 1828, mort à Mâcon, le 1ᵉʳ août 1881, professeur de l'Université, bibliothécaire de la ville de Mâcon (1870-1881), nommé archiviste du département de Saône-et-Loire par arrêté du 22 juillet 1866. Ses publications concernant le département consistent en mémoires insérés dans les *Annales de l'Académie de Mâcon* et dans la *Revue des Sociétés savantes*. La bibliothèque de la ville possède en outre la première partie (jusqu'en 1476) de son *Histoire* (manuscrite) *de Mâcon d'après les documents tirés de ses archives* (in-4°).
(6) M. *Bénet* (Armand), né à Evreux, le 2 septembre 1858, élève de l'École des Chartes et de l'École des Hautes-Études, bibliothécaire de la bibliothèque universitaire de Lyon (1880-1881), nommé archiviste du département de Saône-et-Loire par arrêté du 3 septembre 1881, et archiviste du département du Calvados par arrêté du 16 décembre 1884. Ses publications concernant le département consistent en mémoires insérés dans l'*Annuaire de Saône-et-Loire*, dans les *Annales*

sont déjà voués à cette tâche pour l'accomplissement de laquelle il faut encore de longues années et de multiples travaux.

Mais dès à présent les fonds sont constitués, et nous pouvons en indiquer les origines et la composition. Cette table ne manquera, nous l'espérons, ni d'utilité, ni même d'intérêt.

I. ARCHIVES ANTÉRIEURES A 1790.

Série A.

(Actes du pouvoir souverain et domaine public).

Série A. — Edits, lettres patentes, ordonnances, commissions, déclarations royales et arrêts du Conseil d'Etat ; — terriers et rentiers des châtellenies royales. Articles 1-20 (1).

Supplément à la série A. — Edits, lettres patentes, ordonnances, déclarations, arrêts et règlements ; — forêts du domaine ; — famille royale. Art. 21-26.

---

de *l'Académie de Mâcon*, dans les *Mémoires de la Société Eduenne* et dans le *Bulletin du Comité des travaux historiques*. Il a laissé inachevé un *Inventaire général des archives de l'abbaye de Cluny*, dressé en collaboration avec M. J.-L. Bazin (1re partie, Mâcon, 1884, in-8°).

(7) M. Lex (Léonce), né à Remiremont, le 11 mai 1859, élève de l'Ecole des Chartes et de l'Ecole des Hautes-Etudes, officier d'académie, nommé archiviste du département de la Haute-Saône par arrêté du 28 février 1883, et archiviste du département de Saône-et-Loire par arrêté du 9 mars 1885, bibliothécaire (1885), et conservateur du musée archéologique (1889) de la ville de Mâcon. Ses publications concernant le département consistent en mémoires insérés dans l'*Annuaire de Saône-et-Loire*, dans les *Mémoires de la Société d'histoire et d'archéologie de Chalon*, dans le *Bulletin du Comité des travaux historiques* et le *Bulletin du Comité des Beaux-Arts*, dans le *Bulletin des bibliothèques et des archives*, dans le *Catalogue des manuscrits des bibliothèques des départements*, et en un volume de *Notes et documents pour servir à l'histoire du département de Saône-et-Loire* (1887, in-8°). En préparation : *Obituaires de l'abbaye de Saint-Andoche d'Autun*.

(1) Le nombre des articles que nous indiquons correspond à la partie actuellement inventoriée dans chaque série. Deux cent quatre feuilles de l'*Inventaire* sont déjà tirées, mais on n'a pu distribuer encore que deux volumes, celui des séries A et B, par M. Michon (Mâcon, 1878, in-4°), et celui des séries D et E, par le même (Mâcon, 1877, in-4°). Ils sont en vente au prix de six francs l'un. Le public peut, en outre, les consulter gratuitement dans les mairies de tous les chefs-lieux de canton de Saône-et-Loire et aux archives de tous les départements de France. Trois autres volumes, ceux des séries C, G et H sont sous presse.

Série B.

(Cours et juridictions).

Cette série est la plus importante du dépôt par la quantité de pièces qu'elle renferme ; elle n'a été formée que petit à petit et depuis peu. Les tribunaux d'Autun et de Chalon et quelques justices de paix n'ont pas encore fait au département l'abandon total des documents anciens dont ils ont hérité en 1790.

Cette série comprend les registres d'audiences et les pièces de procédure des bailliages et autres juridictions secondaires, depuis le XVIe siècle, plus des séries de cahiers paroissiaux et de protocoles des notaires.

Série B. — Collection d'édits, lettres patentes, déclarations et arrêts concernant la justice. Art. 1-3.

Parlement de Bourgogne, art. 4-5.

Bailliage royal d'Autun, art. 6.

Bailliage royal, — châtellenie, — et grenier à sel de Bourbon-Lancy ; — justices seigneuriales de : Aupont, — Beaudésir (Vendenesse-sur-Arroux), — Le Breuil (Gueugnon), — Le Breuil (Maltat), — Charnay, Perrigny-sur-Loire, La Bonduc, Saint-Agnan et dépendances, — Cressy et Montpetit, — Fontette et Mont, — Neuvy, Beauchamp, La Chapelle-au-Mans, Rigny, La Salle et dépendances, — Uxeau, — Vitry, Cronat, Lesme, Maltat et dépendances. Art. 7-114.

Bailliage royal de Chalon ; — bailliages seigneuriaux de Bellevesvre, Torpes, Mouthier-en-Bresse et Dissey, — de Cuiseaux, Varennes-Saint-Sauveur et dépendances, — de Louhans, y joint les justices de Charengeroux ou Champrongeroux (Saint-Usuge), Bantange, Sornay, Saint-Usuge et dépendances, — de Mervans, La Marche et dépendances, — de Montpont, Montjay, Ménetreuil, Sane, Lessot et dépendances, — de Sainte-Croix, La Minute et dépendances, — de Savigny-en-Revermont et dépendances ; — châtellenie de Cuisery et justices de La Villeneuve (L'Abergement-de-Cuisery), Frettechise (La Chapelle-Thècle), Pirey, La Genête, Jouvençon et dépendances, — châtellenie de Germolles et prévôté de Montaigu, Châtenoy-le-Royal, Mellecey, Saint-Martin-sous-Montaigu et dépendances, — châtellenies de Sagy, — de Saunières, Bragny, Verdun, Sermesse, Guerfand et dépendances ; — justices seigneuriales de : L'Abergement-lès-Frangy, Charnay et Le Tronchet, — Alleroy, Corcelle, Neuvelle, Saint-Gervais, Le Port-de-Chauvort, Saint-Martin-en-Gâtinois et dépendances, — Allériot, — Bantange, — Le

Grand-Balosle, — Le Petit-Balosle, — Beaurepaire, Saillenard et dépendances, — Beauvernois, — Bey et Orain, y joint Marnay et dépendances, — Bosjean, Sens, Frangy et dépendances, — Bouhans ou Escorailles, La Trémaillère, Panissière, Le Petit-Layer, Heurarde, Montferquier en partie, Le Mont, La Balme, Sauberthier et dépendances, — Branges et dépendances, — Cercot (Moroges), — Chagny, Chassagnes et dépendances, — Chardenoux (Bruailles) et dépendances, — Charnay (Frangy) et Le Tartre, — Château-Renaud, Seugny, Mont et La Tournelle (Saint-Martin-du-Mont), — Clémencey (Frangy), Devrouze et dépendances, — Condal et dépendances, — Condes, Visargent, La Margot, Balosle et dépendances, — Corcassey (Châtenoy-le-Royal), — Corcelles (Bruailles), — Corcelles, Marcilly, Chichevières et dépendances, — Damerey, — Demigny, Chaudenay et dépendances, — Duretal (Montpont), — Le Fay, — La Faye (Saint-Germain-du-Bois), — Fley (La Racineuse), — Fragne, — Gigny, L'Epervière, La Colonne, Lampagny et dépendances, — Hiège (Mouthier-en-Bresse), Le Tilleret (Beauvernois) et Chêne-Sec (département du Jura), — Irley (La Charmée) et dépendances, — Jambles, — Joudes, — Le Grand-Layer, La Villette (Saint-Germain-du-Bois), Bureteau (Mervans), et L'Isle-en-Bresse (Montjay), — Loisy, Huilly, Tiffailles et dépendances, — La Loyère, Fragne et dépendances, — Marcilly, Bruailles, Montagny et dépendances, — Mercurey, Mypont, Jamproye et dépendances, — Mervans, La Marche, Saint-Martin-en-Bresse, Diconne, Diombe, Devrouze et dépendances, — Le Miroir et dépendances, — Montcony, Charnay (Frangy) et dépendances, — Moroges, — Ormes, Ténarre et dépendances, — Panissière, Le Thielley et dépendances, — Pierre, Authumes, Fretterans, La Chapelle-Saint-Sauveur, Dampierre-en-Bresse, Les Meix, Grandmont et dépendances, — Rancy et Molaise, — Les Repots (département du Jura) et La Mare-Magnin (Saillenard), — Ronfand, Voitte, Montflin et Montcharvey, — Saint-André (Chalon), La Mare, La Citadelle, La Colombière et dépendances, — Saint-André-en-Bresse, La Frette et dépendances, — Saint-Bonnet-en-Bresse, Toutenant, Le Perroux, Le Grand-Taperey, La Crochère, Les Donzeaux, Le Buisson-Jean-Chêne et dépendances, — Saint-Germain-du-Bois, Panissière, La Trémaillère et dépendances, — Saint-Germain-du-Plain et Ouroux, — Saint-Jean-de-Vaux, Saint-Denis-de-Vaux et dépendances, — Saint-Sulpice, — Saint-Vincent-en-Bresse, Baudrières, Saint-Etienne-en-Bresse et dépendances, — Sassenay, Perrey, Virey et dépendances, — Sienne, — Simard, Bessandrey, Quain et dépendances, — Varennes-Saint-Sauveur et hameaux qui en dépendent, qui sont des paroisses tant de Frontenard et Condal, que de Dommartin, — Villard-Chapelle et Le Molard de Charlanche, — Vincelles, Ratte, Montagny et dépendances, — Visargent, Layer, Gerans et dépendances. Art. 115-535.

Bailliage royal, — châtellenie, — gruerie et maîtrise particulière des eaux et forêts, — maréchaussée, — grenier à sel de Charolles et chambre de Perrecy; — justices seigneuriales de : Amanzé, — Arfeuille (Lugny-lès-Charolles), — Beaubery, Corcheval, Artus, Quierre, La Roche et dépendances, — La Boulaye et Montmort, — Brèche, Grandvaux, Saint-Symphorien et dépendances, — Le Brouillat, Marizy et Les Fossés, — Champlecy, Baron, Rabutin, La Vallière, Champoneau et dépendances, — Chaumont et dépendances, — Cheveniset (Nochize), une partie de Lugny-lès-Charolles et dépendances, — Clessy, Chassy, Vigny, Essanley, Villefaye-lès-Gueugnon, Vendenesse-sur-Arroux et dépendances, — Collange (Vendenesse-lès-Charolles), Sommery (Ozolles), La Madeleine-lès-Charolles et dépendances, — Cypierre, Mazoncle, L'Heuretière et dépendances, — Digoine, Le Montet, Saint-Aubin et dépendances, — Epinassy (Changy), — L'Essertot (Saint-Vallier) et dépendances, — Génelard, Laugère, Fontenaille, Ange et dépendances, — La Guiche et dépendances, — Lugny-lès-Charolles comprenant outre ledit Lugny, Chevenizet, Nochize, Pancemont, Villaine, La Collange, Le Breuil, Orcilly, Le Troncy, Les Bonjean, Roussy, Fommerand, Lebois du Palais, Les Préchons, Hautefond, Changy, Le Bouchet, Saulnière et dépendances, — Marcilly-la-Gueurce, Terzé, Pommey et dépendances, — Marigny, Ocle et dépendances, — Martenet, Bousserain, Glorienne, La Chevrillère, Les Chaumes, La Faye, Fretty, Dezy, Rives, Arrouette, Chevagneret, Cupierre-le-Bois et en partie Villiers, Rosières, Raveaux, Saint-Romain-sous-Versigny, Dompierre et dépendances, — Martigny-le-Comte, Souterrain, Commune et dépendances, — Molleron, Vaudebarrier et dépendances, — Montessus et dépendances, — Mont-Saint-Vincent et dépendances, — Paray-le-Monial et dépendances, — Perrecy, — Pressy-sous-Dondin, Les Panais, Cutigny et dépendances, — Le Rousset et dépendances, — Saillant, Viry, La Moussière et dépendances, — Sivignon et dépendances, — Sigy-le-Châtel et dépendances, — Toulon-sur-Arroux, Mont-Châtel, Marly, Chaume et dépendances. Art. 536-828.

Bailliage royal et présidial, — prévôté, — et maréchaussée de Mâcon; — châtellenie, — et prévôté de Saint-Gengoux; — justice mage de Cluny, Chevignes, Lourdon, Boutavent et dépendances; — justices seigneuriales de : Charbonnières, —

Charnay, Levigny et dépendances, — Chasselas, — Château, Brandon, Sainte-Cécile, La Vineuse, Saint-Vincent-des-Prés, Buffières et dépendances,— Clessé, Germolles et dépendances, — Estours, Crêches, La Bâtie-de-Vers, Châne et Dracé-les-Ollières, — Fley, Bissy, Champagne et dépendances, — Hurigny, — Igé, Salornay, Chevagny, Satonnay et dépendances, — Loize, La Bâtie et dépendances, — Montbellet et dépendances, — Pierreclos, Berzé-le-Châtel, Saint-Sorlin et dépendances, — Pruzilly, — les Rues franches (Mâcon), Prissé et Vérizet,— Saint-Albain,— Saint-Amour,— Saint-Boil. Le Thil, Filletières et dépendances, — Saint-Clément-lès-Mâcon, — Saint-Jean-le-Priche, — Saint-Maurice, La Rochette, Saint-Martin-du-Tartre, Bissy et Vaux-en-Pré,— Saint-Romain, Romanèche, Lancié et dépendances, — Saint-Vérand,— Savigny-sur-Grosne, — Senozan, — Sercy, — La Tour-de-Romanèche, — Vauxrenard, Le Thil et Emeringes, — Verzé, — Vinzelles et dépendances, — Viré et dépendances. Art. 829-1959.

Bailliage royal,— chancellerie, — châtellenie,— et prévôté de Montcenis ; — justices seigneuriales de : L'Abergement-sous-Châtelmoron, — Blanzy, — La Boulaye, Montmort et dépendances, — Brandon, Saint-Pierre-de-Varennes et dépendances, — Le Breuil, La Vesvre, Montaubry, Morande et dépendances, — Champignolles, La Tagnière, Uchon en partie et dépendances, — Couches, — La Coudraye, La Tagnerette, La Motte-Loisy et dépendances, — Les Coutots et dépendances, — La Crotte, Montrion, Saint-Symphorien-de-Marmagne et dépendances, — Ez-Crots, Boyvin, Saint-Eugène, Dettey, Uchon en partie et dépendances, — Marcilly et dépendances, — Monay, Gratoux et dépendances, — La Motte-Marcilly, Ecuisses, Saint-Laurent-d'Andenay et dépendances, — Perreuil, — Saint-Julien-sur-Dheune et dépendances, — Saint-Nizier-sous-Charmoy, La Motte-des-Prés, Burat, Le Sorme, Mont-au-Loup et dépendances, — Saint-Sernin-du-Bois, Saint-Firmin et dépendances, — Saint-Vallier, Le Magny, Courain, Grandvaux, Châtillon, Mercully, La Creuse et dépendances, — Torcy, Champliau, Montvaltin et dépendances, — Toulonjon, Bourdeau, Uchon en partie, La Chapelle-sous-Uchon, Saint-Symphorien-de-Marmagne, Mesvres et dépendances, — La Tour-du-Bost, Bourdeau, Uchon en partie, Charmoy, Battant, La Roche et dépendances. Art. 1960-2150.

Bailliage, — et châtellenie de Semur-en-Brionnais et Anzy-le-Duc, — grenier à sel de Semur, — chambre de Marcigny, — et dépôt de Digoin; — châtellenie de Châteauneuf, Le Banchet et dépendances; — justice municipale de Marcigny, — et prévôtés de Narbot, Chambilly, Baugy, Varenne, Sainte-

Foy, Vitry, Villeret, Iguerande, Briennon et dépendances ; — justices seigneuriales de : Anzy-le-Duc, Montceaux-en-Bourgogne et dépendances, — Arcy, Avrilly, Brières, Luneau, Bonand, Lurcy, Vindecy et dépendances, — Fleury-la-Montagne, Les Creux, Beaulieu, Florette et dépendances, — Maulevrier, Artaix, Chenay, L'Hôpital-de-Chenay, Melay, Bagneaux et dépendances, — Montceaux, Verdet et Versaugues, — Saint-Christophe, Briant, Sainte-Foy et dépendances, — Saint-Rigaud, — Sancenay et Fougères, — Sarry, Saint-Didier et dépendances, — Vauban, Boyer et dépendances. Art. 2151-2375.

Maîtrises des eaux et forêts de : Autun, — Chalon, — et Mâcon. Art. 2376-2380.

Justice du fief du canal du Charollais, art. 2381.

Supplément à la série B. — Bailliages royaux de Chalon, — Charolles, — Mâcon, — Montcenis, — et Semur-en-Brionnais ; — bailliages seigneuriaux de Cuiseaux, — Givry, — et Tournus ; — justices seigneuriales des ressorts de : Autun, Chalon, — Charolles, — Mâcon, — Montcenis, — etc.

Série C.

(Administrations provinciales).

Il n'est pour ainsi dire pas de commune qui n'ait dans cette série quelque document sur sa comptabilité, ses biens et ses travaux (XVIIe-XVIIIe siècles).

Le fonds des Etats du Charollais est aussi pauvre (1) que celui des Etats du Mâconnais est riche. Ce dernier remonte au XVIe siècle et va jusqu'en 1790.

Les dossiers de l'intendance ne sont plus aujourd'hui ce qu'ils ont été (2).

---

(1) « Les chartes anciennes du Charollois, si précieuses pour l'histoire du pays, réunies aux papiers du greffe du bailliage dans un local humide, resserré et malsain, n'existe plus que dans des débris livrés aux insectes et dont il est impossible de tirer aucun parti ». (Lettre du sous-préfet de Charolles au préfet de Saône-et-Loire, du 28 octobre 1812. Fonds du service, cart. 1).

(2) « En exécution de la déclaration du Roi du 20 avril 1790, deux commissaires se rendirent à Dijon pour extraire des archives des Etats de Bourgogne et de l'Intendance les papiers qui étoient relatifs au département de Saône-et-Loire. Ces papiers consistoient en rôles de 20e, de capitation et autres impositions de la Bourgogne, dans les plans et papiers du canal du Charollois ou du Centre, dans les comptes

Série C. — Intendance de Bourgogne et Bresse (collection d'édits, lettres patentes, déclarations, ordonnances, proclamations et arrêts concernant l'administration), art. 1-25.

Subdélégation d'Autun ; — communautés de la subdélégation. Art. 26-52.

Subdélégation de Bourbon-Lancy ; — communautés de la subdélégation. Art. 53-71.

Subdélégation de Chalon ; — communautés de la subdélégation. Art. 72-195.

Subdélégation de Charolles ; — communautés de la subdélégation. Art. 196-220.

Subdélégation de Cluny ; — communautés de la subdélégation. Art. 221-236.

Subdélégation de Louhans ; — communautés de la subdélégation. Art. 237-298.

Subdélégation de Mâcon ; — communautés de la subdélégation. Art. 299-327.

Subdélégation de Montcenis ; — communautés de la subdélégation. Art. 328-352.

Subdélégation de Semur-en-Brionnais ; — communautés de la subdélégation. Art. 353-387.

Subdélégation de Tournus ; — communautés de la subdélégation. Art. 388-451.

Etats du Charollais, art. 452-461.
Etats du Mâconnais, art. 462-772.

Supplément à la série C. — Juridiction de l'élection, aides et gabelles du Mâconnais, art. 773-840.

Etats de Bourgogne ; — Etats du Mâconnais ; — élection de Mâcon ; - subdélégations d'Autun, — Chalon, — Montcenis, — Tournus, — etc. ; — communautés desdites subdélégations ; — bureaux de finances ; — etc.

---

des communes. Tous ces papiers furent jetés dans les greniers, ils y sont pourris en partie et sont devenus la proie des rats. Les plans du canal qui étoient dans des caisses furent envoyés de suite à Chalon, aux archives du canal ». (Rapport sur les archives départementales présenté au préfet par le conseiller secrétaire général, 1817. Fonds du service, cart. 11). — « Le département de Saône-et-Loire a fait remise au département de la Côte-d'Or des papiers de l'intendance de Bourgogne ». (Rapport sur les archives départementales présenté au préfet par l'archiviste, 1857. Fonds du service, cart. 11).

Série D.

(Instruction publique, sciences et arts).

Série D. — Collège d'Autun, art. 1.
Ecole de Bourbon-Lancy, art. 2.
Collège de Chalon, — et prieuré uni de Ratenelle. Art. 3-27.
Collège de Marcigny, art. 28.
Collège de Paray-le-Monial, art. 29-30.

Supplément à la série D. — Collège d'Autun, — et prieurés unis de Couches et de La Rochepot. Art. 31-239.
Collège de Paray-le-Monial, art. 240.

Série E.

(Féodalité, communes, bourgeoisie et familles).

Les titres de famille ont été pour la plupart saisis chez les émigrés; il en a été restitué un certain nombre sous l'Empire (1).

Le fonds des notaires est un des plus précieux du dépôt. Il remonte au XVe siècle et concerne spécialement l'ancien bailliage de Chalon, la ville de Mâcon et la baronnie de Romenay.

Série E. — Titres féodaux : fonds de terriers, etc. Art. 1-14.

Titres des familles : Albert, — Alexandre, — d'Aligre, — d'Amanzé, — d'Apcher, — Aymard, — Baillet, — Bailli, — de La Balmondière, — Barthelot, — Bataillard, — Bataille de Mandelot, — Bauderon, — Baudinot, — Baudrion, — Beaufranc, — de Beaurepaire, — Bernard de Montessus, — Bernard de Sassenay, — Beuverand de La Loyère, — Biron, — Bon, — Bouguelet, — Bouillet, — Boulier, — Bourbon, — Bourbonne, — Brochot, — Bruneau, — Bussot, — du Buisson, — Cajon, — Cellard, — de Cercey, — de Chaintré, — de Champeau, — de Champier, — Chanorier, — Chapuys, — de Chargère, — Charrier de La Roche, — de Chastellux, — de Châtillon, — Chaussivert, — Chavanel, — de Chavannes, — Chazot, — Chesnard, — de Chevriers de Saint-Mauris, — Chiquet, — Circaud, — Clerc,

---

(1) Voir le « Cayer contenant *retraxi* de pièces et titres des archives ». (Fonds du service, cart. 3).

— de Clermont-Montoison, — Cochet, — Colin, — de Colmont, — Commerçon, — Cossé de Brissac, — Cottin de La Barre, — Dagonneau, — Damas, — de Damoiseau, — Danthez, — Daugy, — Daviot, — Dejussieu, — Delafay, — Delagoutte, — Delamare d'Aluze, — Delaroche, — Delyon, — Demeaux, — Desbois, — Descrivieux, — Désir, — Desjours, — Desvignes de Davayé, — Devoyo, — Dezoteux, — de Digoine, — Dormy, — de Drée, — Dubost, — Duclos, — Ducret de Chigy, — Dumont du Thil, — Dyo de Montperroux, — Espiard, — de Faubert, — de Fautrières, — de Fay, — Florin, — de La Font de La Rolle, — de Fontette de Sommery, — de Foudras, — de Fougères, — Frotier de La Coste, — de Fussey, — Gagne, — Galand, — de Ganay, — Gauthier, — Geoffroy, — de Gletains, — de Gorrevod, — Goujon, — Gratier, — Gravier de Vergennes, — Guénebaud, — de La Guiche, — Janin, — de Jarsaillon, — de Jaucourt, — Joly de Bévy, — Journet, — Laligant, — Lambert, — de Langeron, — de Laurencin, — Legoux de Saint-Seine, — Lemulier, — de Lévis, — Lhomme, — Loys, — Loyseau, — de Mac-Mahon, — de La Madeleine-Ragny, — Magnien de Chailly, — Malard, — de Maritain, — Maublanc, — Mayneaud, — Michon de Pierreclos, — Milliard, — Milliet, — Moingeon, — Moisson, — de Moland, — de Molins de La Garde, — Monin, — Monnier, — Monot, — de Montagu, — Montchanin de La Garde-Marzac, — de Montginot, — de Montholon, — de Montmorillon, — de Montrevel, — de Morangiès, — Morel de Corberon, — Moreton, — de Musy, — Myot, — de Naturel de Balleure, — Nault, — de Noblet, — Nuguet, — Olivier, — de La Pallu, — Pelleterat de Borde, — Pérard-Floriet, — Perdrigeon, — Pernot, — Perreault, — Perrenet de Grosbois, — Perrier de Marigny, — Perrin de Cypierre, — Perroy, — Pézerat, — Pillot de Fougerette, — Pochon, — Préveraud de L'Aubépierre, — Quarré de Verneuil, — Quenot, — Renouard-Fleury, — Reverchon, — Reydemorande, — Richard d'Ivry, — de Rochefort, — de La Rodde, — de Rohan-Chabot, — Rollet, — du Rousset, — Royer de Saint-Micaud, — Ryard de Beauvernois, — Saint-Maurice de Montbarrey, — de Sainte-Colombe, — du Saix, — de La Salle, — de Saubief, — Siraudin, — Talleyrand-Périgord, — de Tenay, — Terray, — de Tessé, — de La Teyssonnière, — de Thézut, — Thibaut de Noblet, — de Thoisy, — Thomassin des Gris, — Thouvant de Boyer, — de Thy de Milly, — de Thyard, — de Touches, — de Truchis, — Vallier d'École, — de Vauban, — de Vichy, — Vieillard, — Vogué, — Villedieu de Torcy, — de Villeneuve, — Villot. Art. 15-620.

Minutes et protocoles de notaires et tabellions de : L'Abergement-Sainte-Colombe, — Allerey, — Allériot, — Beaumont-sur-Grosne, — Beaune, — Bellefont, — Bey, — Bonnay, — Brancion, — Bresse-sur-Grosne, — Buxy, — Cersot, — Chagny, — Chalon, — Chamirey, — La Charmée, — Charnay-lès-Chalon, — Charolles,— Chaudenay,— Chazeaux, — La Colonne, — Couches, — Cuiseaux, — Cuisery, — Demigny, — Dennevy, — Étrigny, — Fontaines, — Frontenard, — Gergy, — Gigny, — Givry, — Laives, — Lessard-en-Bresse, — Loisy, — Longepierre,— Louhans, — Mâcon, — Malay, — Marnay, — Mercurey, — château de Montbellet, — Montcenis, — Montcoy, — Moroges, — La Motte, — Nanton, — Navilly, — Nolay, — Ougy, — Romenay, — Royer, — Ruffey, — Rully, — Saint-Berain-sur-Dheune, — Saint-Cyr, — Saint-Julien, — Saint-Laurent-lès-Chalon, — Saint-Marcel, — Saint-Martin-en-Bresse, — Saint-Martin-sous-Montaigu, — Saint-Pierre-le-Vieux, — Sassenay, — Savigny-en-Revermont, — Sennecey-le-Grand, — Sevrey, — Tallant, — Touches, — Tournus, — Varennes-le-Grand, — Verdun-sur-le-Doubs, — Virey. Art. 621-1465.

Communes et municipalités, art. 1466 (1).

Corporations d'arts et métiers, art. 1467.

Confréries et sociétés laïques, art. 1468-1482.

Supplément à la série E. — Titres féodaux : comtés d'Epinac — et de Roussillon ; — baronnies de Brandon, —

---

(1) Les dépôts d'archives communales sont souvent considérés comme une suite de ces fonds de la série E, et leur inventaire est quelquefois publié sous le titre de *Archives départementales, série E supplément*, ce qu'il ne faudrait pas confondre avec les *suppléments à la série E* des *Archives départementales*.

En vente : *Inventaire des Archives communales de Mâcon antérieures à 1790*, par M. Michon, au prix de six francs (Mâcon, 1878, in-4°); — *Inventaire des Archives communales de Chalon antérieures à 1790*, par M. Millot, au prix de dix francs (Chalon, 1880, in-4°).

Sous presse : *Inventaire des Archives communales antérieures à 1790, de Tournus,* par M. Bénet (in-4°). *de Givry,* par M. Lex (in-4°).

En préparation : *Inventaires des Archives communales d'Autun antérieures à 1790,* par M. Lex (in-4°).

Des *Inventaires des Archives communales antérieures à 1790* de *Bourbon-Lancy* et d'*Uchizy* ont, en outre, été publiés dans les *Comptes rendus des sessions du Conseil général* des mois d'août 1872 et 1873.

Enfin des *Inventaires manuscrits des Archives communales antérieures à 1790, de Charolles,* par M. Michon, *Colombier-en-Brionnais,* par M. Bénet. *Fontaines,* par M. Lex, *Louhans,* par M. Michon, *Sennecey-le-Grand et Serrigny-en-Bresse,* par M. Bénet, et *La Truchère,* par M. Michon, sont déposés aux Archives départementales.

et de Couches; — seigneuries des Bornes, — du Breuil, — de Chazeu, — de Chaumont, — de Cheilly, — de Loges, — de Marey, — de Montaagey, — de Monthelon, — de La Perrière, — de Perrigny, — de Ramilly, — de Saint-Vallier, — etc.

Titres des familles de : d'Amanzé, — Arnoul, — Arthault, — d'Autry, — de Bailleux, — Bernard, — Breslay, — Burtin, — Carré, — du Châtellier, — Clerc, — Crepet, — Cuisenier, — Delagoutte, — Duray, — d'Espinacy, — Flechon, — de Fontette, — Forneret, — Frangi, — de La Forêt, — Lagarde, — Lambert, — Larroy, — Lombard, — Loup, — Lugny, — Magnien de Chailly, — Margues, — Mogninens, — de Montagu, — Morier, — de Musy, — de Nompère, — Olivier, — Pelletier, — Pintet, — Poisat, — Poulin, — Quarré de Monay, — de Raincourt, — Reby, — Rety, — de Saillant, — de Saint-Moris, — Spot, — de Vergisson, — Villedieu de Torcy, — Vincent de Villazenne, — etc.

Notaires d'Autun, etc.
Communes et municipalités.
Confréries.

Série F.

(Fonds divers se rattachant aux archives civiles).

Le fonds des plans d'origine seigneuriale ou ecclésiastique qui compose actuellement cette série a été formé à l'époque révolutionnaire, en vue de l'administration des biens nationaux (1). Les documents qu'il contient seront sans doute rattachés ultérieurement aux suppléments des séries C, E, G et H.

Série G.

(Clergé séculier).

Les registres capitulaires, les cartulaires et les pouillés des églises donnent à cette série une valeur inestimable. On y

---

(1) « Une loi du 29 messidor an II ordonna que tous les titres féodaux seroient brûlés publiquement à l'exception des plans et cartes ». (Rapport du conseiller secrétaire général, 1817. Fonds du service, cart. 3). — « Les cartes et plans qui étoient épars, ont été rassemblés, classés par arrondissement de sous-préfecture et placés dans de grands tiroirs que M. le Préfet a fait faire. Un inventaire raisonné en sera incessamment fait, et chaque plan et carte portera un numéro correspondant à celui de l'inventaire ». (Rapport du même, 1819, ibid.).

trouve, en outre, les titres relatifs aux fondations, dons et legs.

Série G. — Affaires générales concernant le clergé séculier, art. 1.
Evêché d'Autun, art. 2-3.
Evêché de Chalon, art. 4-69.
Evêché de Mâcon, art. 70-110.
Eglise cathédrale d'Autun, art. 111-112.
Eglise cathédrale de Chalon, art. 113-197.
Eglise cathédrale de Mâcon, art. 198-244.
Officialité de Chalon, art. 245.
Officialité de Mâcon, art. 246-247.
Séminaire d'Autun, art. 248.
Séminaire de Chalon, art. 249-252.
Séminaire de Mâcon, art. 253.
Eglise collégiale d'Autun, art. 254-260.
Eglise collégiale de Bourbon-Lancy, art. 261-270.
Eglise collégiale de Chalon, art. 271-294.
Eglise collégiale de Charolles, art. 295-298.
Eglise collégiale de Cuiseaux, art. 299-303.
Eglise collégiale de Cuisery, art. 304-305.
Eglise collégiale de Mâcon, art. 306-319.
Eglise collégiale de Semur-en-Brionnais, art. 320-323.
Eglises paroissiales des trois diocèses, art. 324-424.
Bénéfices, chapelles, aumôneries, etc. Art. 425.
Evêché d'Autun, art. 426-680.

Supplément à la série G. — Evêché d'Autun ; — chambre ecclésiastique d'Autun ; — église cathédrale d'Autun ; — grand et petit séminaire, — jacobines unies d'Autun et prieuré uni de Champchanoux ; — évêché, — et église cathédrale de Chalon ; — évêché, — et église cathédrale de Mâcon ; — églises collégiales d'Autun, — de Bourbon-Lancy, — de Chalon, — de Charolles, — de Couches, — de Mâcon, — de Saint-Nicolas de La Prée ; — etc. ; — églises paroissiales ; — chapelles ; — etc.

Série H.

(Clergé régulier).

Cette série est la plus précieuse du dépôt. Outre quatre manuscrits littéraires (1), elle contient les diplômes des sou-

---

(1) Sur ces manuscrits, voir le catalogue publié par MM. Bénet et Lex dans le *Catalogue des manuscrits des dépôts d'archives*, Paris, 1886, in-8°, pp. 264-267.

verains, les bulles des papes, et d'importantes suites de chartes du moyen âge (XI⁰-XIV⁰ siècles). C'est à elle qu'appartient notre plus ancien document original; il émane de Louis le Débonnaire et date de 819 (1). Malheureusement, beaucoup de pièces qui nous intéressent sont encore à l'heure qu'il est détenues par les archives de quelques départements, la Côte-d'Or, le Rhône, le Jura et l'Yonne (2).

Série H. — Abbaye de Cluny, art. 1-23.
Abbaye de La Ferté, art. 24-53.
Abbaye de Maizières, art. 54-80.
Abbaye du Miroir, art. 81-114.
Abbaye de Saint-Martin d'Autun, art. 115.
Abbaye de Saint-Pierre de Chalon, art. 116-141.
Abbaye de Saint-Rigaud, art. 142-176.
Abbaye de Tournus, art. 177-205.
Prieurés de : Amanzy-lès-Bourbon-Lancy, — Anzy-le-Duc, — Bragny-en-Charollais, — Chagny, — Gigny, — Palleau, — Paray-le-Monial, — Perrecy, — Ratenelle, — Saint-Laurent-lès-Chalon, — Saint-Marcel, — Saint-Nazaire-lès-Bourbon-Lancy, — Sermesse. Art. 206-272.
Augustins de Burnand, art. 273.
Capucins de Chalon, art. 274-277.
Carmes de Chalon, art. 278-286.
Chartreux de Dijon, — et Lyon. Art. 287-304.
Cordeliers de : Chalon, — Charlieu, — Louhans, — Mâcon, — et Notre-dame-des-Grâces. Art. 305-316.
Dominicains de Mâcon, art. 317-320.
Jésuites de Dijon. art. 321-329.
Minimes de : Chalon, — La Clayette, — La Guiche, — et Mâcon. Art. 330-367.
Picpus de Charolles, art. 368-372.
Trinitaires de Fontainebleau, art. 373-377.
Abbaye (3) de La Bénisson-Dieu, art. 378-386.
Abbaye de Laucharre, art. 387-602.
Abbaye de Molaise, art. 603-673.
Abbaye de Saint-Andoche d'Autun, art. 674-1127.
Abbaye de Saint-Jean-le-Grand d'Autun.

---

(1) Les documents originaux antérieurs à l'an mille, au nombre de dix-huit, ont été publiés avec fac-similés par M. Lex (Chalon, 1888, in-4°).

(2) Voir le *Tableau général par fonds des archives départementales antérieures à 1790*. Paris, 1848, in-4°.

(3) Les articles 1-377 se réfèrent aux abbayes, prieurés et couvents d'hommes; les articles 378-1127 concernent les abbayes, prieurés et couvents de femmes.

Prieurés de : Marcigny, — et Tournus.
Carmélites de : Chalon, — et Mâcon.
Clarisses de Charolles.
Dominicaines de Chalon.
Ursulines de : Autun, — Bourbon-Lancy, — Chalon, — Charlieu, — Mâcon, — Montcenis, — Paray-le-Monial, — et Saint-Gengoux.
Visitandines de : Autun, — Bourbon-Lancy, — Chalon, — Charolles, — Mâcon, — et Paray-le-Monial.
Commanderies de : Bellecroix, — Beugnay, — Chalon, — et Mâcon.
Sœurs de la Charité de Saint-Lazare d'Autun.
Maladrerie de Saint-Gengoux.
Hospices et hôpitaux (1) de : Autun, — Bourbon-Lancy, — Chalon, — Charlieu, — Cluny, — Couches, — Cuiseaux, — Louhans, — Mâcon, — Marcigny, — Montcenis, — Paray-le-Monial, — Saint-Gengoux, — Toulon-sur-Arroux, — Tournus.
Supplément à la série H. — Abbayes de : Cluny, — La Ferté, — Maizières, - Le Miroir, — Saint-Martin d'Autun, — Saint-Pierre de Chalon, — Tournus, — etc.
Prieurés de : Avallon, — Charlieu, — Mesvres, — Perrecy, — Saint-Racho, — Saint-Sernin-du-Bois, — Saint-Symphorien d'Autun, — Tart, — Uxeau, — Le Val-le-Duc, — Le Val-Saint-Benoit, — etc.
Capucins d'Autun.
Cordeliers d'Autun, — de Chalon, — etc.
Minimes d'Autun, — de Chalon, — de La Guiche, — etc.
Oratoriens de Chalon.

Série I.

(Fonds divers se rattachant aux archives ecclésiastiques).
Néant.

---

(1) Les dépôts d'archives hospitalières sont souvent considérés comme une suite de ces fonds de la série H, et leur inventaire est quelquefois publié sous le titre de *Archives départementales, série H supplément*, ce qu'il ne faudrait pas confondre avec les *suppléments à la série H des Archives départementales*.

En vente : *Inventaire des archives hospitalières de Tournus antérieures à 1790*, par M. Bénet, au prix de trois francs (Mâcon, 1887, in-4°).

Un *inventaire des archives hospitalières de Mâcon antérieures à 1790* est contenu dans l'*Inventaire des archives communales de Mâcon antérieures à 1790*, par M. Michon.

L'*inventaire* manuscrit des *archives hospitalières de Sennecey-le-Grand antérieures à 1790*, par M. Bénet, est déposé aux Archives départementales.

II. Archives postérieures a 1790.

Série K.
(Lois, ordonnances et arrêtés).

Moniteur et autres publications officielles. — Registres des arrêtés de l'administration du département, des préfets et du conseil de préfecture.

Série L.
(Papiers de la période révolutionnaire).

Documents spécialement relatifs aux administrations du département, des districts et des cantons, depuis la division de la France en départements jusqu'à l'institution des préfectures en l'an VIII.

Série M.
(Personnel et administration générale).

Personnel administratif. — Élections ou nominations des sénateurs et députés, — des membres du conseil général, — des membres des conseils d'arrondissements. — Élections communales. — Police générale et administrative. — Santé publique et salubrité. — Subsistances. — Divisions administratives. — Population. — Etat civil. — Statistique. — Agriculture. — Industrie et commerce.

Série N.
(Administration et comptabilité départementale).

Délibérations du conseil général. — Délibérations des conseils d'arrondissements. — Comptabilité générale du département. — Immeubles et bâtiments départementaux. — Mobilier départemental.

Série O.
(Administration et comptabilité communale).

Agents salariés des communes. — Biens communaux. — Travaux communaux. — Aliénations, acquisitions, dons et legs. — Budgets et comptes. — Octrois et revenus divers. — Voirie urbaine. — Voirie vicinale et cours d'eau non navigables.

Série P.
(Finances).

Trésor public et comptabilité générale. — Contributions directes. — Contributions indirectes. — Cadastre. — Eaux et forêts. — Douanes. — Postes et télégraphes.

Série Q.
(Domaines).

Domaines nationaux (1). — Administration et contentieux des domaines. — Biens communaux vendus en 1813 au profit de la caisse d'amortissement.

Série R.
(Guerre et affaires militaires).

Organisation et recrutement de l'armée. — Remontes. — Convois et subsistances militaires. — Garde nationale. — Gendarmerie.

Série S.
(Travaux publics).

Ponts et chaussées. — Grande voirie et chemins de fer. — Cours d'eau et usines. — Navigation. — Canaux. — Ports. — Mines et minières. - Dessèchements.

Série T.
(Instruction publique, sciences et arts).

Instruction primaire. — Instruction secondaire. — Instruction supérieure. - Bibliothèques.—Sociétés académiques. — Imprimerie et librairie. — Antiquités. — Théâtres.

Série U.
(Justice).

Tribunaux. — Frais de justice. — Dépenses de l'ordre judiciaire.

Série V.
(Cultes).

Clergé catholique.— Cures, succursales, chapelles, annexes. — Fabriques. — Communautés religieuses. — Pensions et traitements ecclésiastiques. — Cultes non catholiques.

Série X.
(Etablissements de bienfaisance).

Administration des hospices et hôpitaux.— Administration des bureaux de bienfaisance. — Comptabilité des hospices et

---

(1) Le nombre des actes des ventes de biens nationaux faites (1790-1811) dans le département s'élève à 14,894. (Rapport sur les archives présenté par l'archiviste au préfet, 1847. Fonds du service, cart. 11).

hôpitaux. — Comptabilité des bureaux de bienfaisance. — Aliénés. — *Enfants trouvés.* — Aveugles et sourds-muets.— Caisses d'épargne.

Série Y.
(Etablissements de répression).

Maisons centrales. — Prisons départementales. — Dépôts de mendicité.

Série Z.
(Affaires diverses ne rentrant pas dans les séries précédentes).

Cette masse de documents forme, d'après le dernier récolement opéré en 1885, un total d'environ 50,000 articles, soit 24,000 liasses, 11,000 registres ou cahiers, 9,000 cartons ou portefeuilles, 250 rouleaux de plans et 6,000 volumes. Les volumes constituent toute une bibliothèque composée d'utiles collections comme le *Journal officiel,* le *Bulletin des lois,* le *Bulletin du ministère de l'intérieur,* les *Archives parlementaires,* le *Recueil des actes administratifs de la préfecture,* les procès-verbaux des sessions des conseils généraux, budgets, comptes et inventaires des archives de tous les départements de France, le recueil des brevets d'invention, des encyclopédies et dictionnaires, des publications de sociétés savantes et les journaux du département.

Les versements annuels opérés par les administrations publiques augmentent continuellement l'importance du dépôt, et c'est à peine si les ventes de papiers périmés remédient à l'encombrement des salles. L'archiviste qui, en 1849, devait seul faire face à la besogne est aujourd'hui secondé par deux employés ; il est vrai que cette année là les recherches ont été du chiffre de 9, tandis qu'en 1888 elles se sont élevées au nombre de 324. En outre, depuis 1855, il a non seulement à assurer la conservation des archives départementales, mais encore à opérer l'inspection des dépôts des sous-préfectures, des communes et des hospices (1). Malgré cela les archives sont restées un des services qui grèvent le moins lourdement le budget départemental, puisqu'une somme annuelle d'environ 6,000 francs suffit à peu près à en assurer la marche régulière et le bon fonctionnement.

---

(1) En 1842 les archives des communes du département « se trouvaient généralement dans un état d'abandon et de désordre presque complet ». (Rapport sur les archives présenté par l'archiviste au préfet, 1850. Fonds du service, cart. 11). — Dix ans après il n'y avait plus que 18 communes sur 585 qui n'eussent pas d'inventaires. (Rapport du même au même, 1853. Ibid.).

2333 — Mâcon, Imprimerie Générale, X. Perroux et Cie.

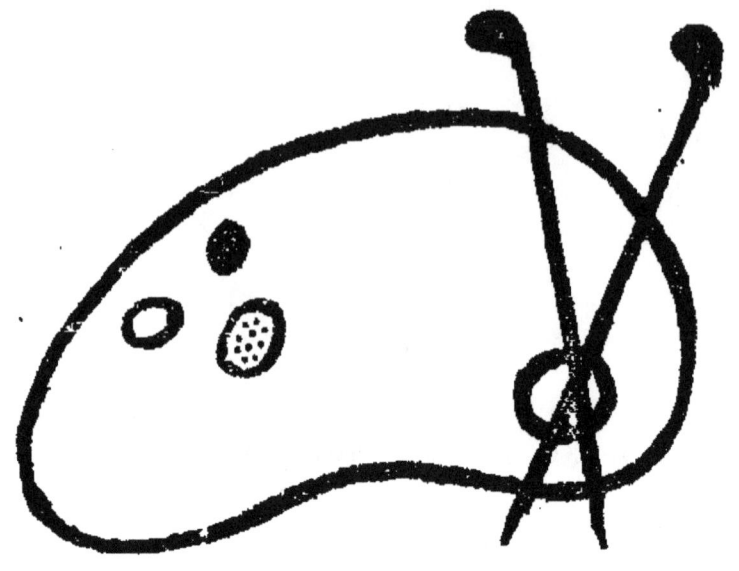

Original en couleur
NF Z 43-120-8

www.ingramcontent.com/pod-product-compliance
Lightning Source LLC
Chambersburg PA
CBHW060926050426
42453CB00010B/1873